CÓMO DIBUJAR COSAS LINDAS

Catherine V. Holmes

Con especial dedicación para Charlotte y Taya.

Mi más grande agradecimiento a todos los maravillosos niños de
Vinal School por todas sus ideas tan "lindas".

BIENVENIDOS A "CÓMO DIBUJAR COSAS LINDAS"

Este increíble libro está hecho especialmente para jóvenes artistas, y para padres y profesores de arte que quieran encontrar las formas más sencillas y eficaces de aprender (¡y enseñar!) el arte del dibujo. Este libro está repleto de lecciones fáciles de entender, cada una de ellas dividida en pequeños pasos, que utilizan líneas y formas sencillas para enseñarle al estudiante los fundamentos sobre cómo dibujar cosas lindas de una manera fácil de entender y de poner en práctica.

También vamos a sumergirnos en el vibrante mundo del Kawaii. Los dibujos kawaii son personajes alegres de ojos grandes y formas sencillas, que suelen tener proporciones divertidas, como cabezas más grandes que sus cuerpos, lo que les da un aspecto simpático y juvenil. Este libro no sólo enseña los principios del Kawaii, sino que también proporciona al artista herramientas y referencias para su uso futuro.

Por último, para ayudar a tu artista aprendiz, también he esparcido consejos útiles a lo largo de cada lección para facilitar la comprensión de cada concepto de dibujo. ¿Y lo mejor? Cuando termines un dibujo ¡podrás colorearlo como quieras!

Así que, ¡es hora de preparar nuestros lápices y empezar a dibujar!

CÓMO USAR ESTE LIBRO

1.¡SIÉNTATE DERECHO!

Sentarse derecho frente a un escritorio mejora la concentración, mantiene una buena postura y ayuda a prevenir el dolor de espalda. Estar sentado es estupendo, pero estar de pie ante un caballete también lo es.

2.USA UN LÁPIZ

Todo gran artista empieza con un lápiz; es donde la creatividad se encuentra con la posibilidad. El lápiz permite al artista planificar dónde se colocarán las partes de su obra. Los trazos ligeros también son más fáciles de borrar si haces una marca que no te gusta.

3.¡NO NECESITAS BORRADOR!

¡Sin líneas guía para borrar! Los artistas suelen borrar y volver a dibujar mientras crean su arte. Suelen utilizar líneas guía para ayudar a dimensionarlo todo. A veces las líneas guía se borran, y a veces simplemente se cubren. ¡Aquí no! Solo sencillos pasos con todas las líneas que necesita.

CÓMO USAR ESTE LIBRO

4. DIBUJA LIGERO

Asegúrate de dibujar ligeramente al principio. Si haces algo que no te gusta, será mucho más fácil si quieres borrarla.

5. NO INTENTES DIBUJAR PERFECTO.

No pasa nada si no todo es perfecto: ¡nadie es perfecto! Hazlo lo mejor que puedas, sigue los pasos y, lo más importante, ¡disfruta lo divertido que es dibujar!

6. SÓLO DIVIÉRTETE

Dibujar se trata de divertirse. No hace falta que sigas los pasos a la perfección; el verdadero objetivo es disfrutar garabateando y dejar volar tu imaginación.

CÓMO DIBUJAR COSAS LINDAS

7. ¡CONTORNO!

Utiliza un rotulador fino para dibujar sobre las líneas de lápiz de modo que parezcan más oscuras y destaquen realmente.

8. COLOR

Los colores pastel, los colores brillantes y los colores suaves son los que mejor funcionan, pero tú decides qué colores utilizar. Añade un tono rosado claro bajo los ojos: ¡y tu dibujo quedará aún más lindo!

¿qué es "lindo"?

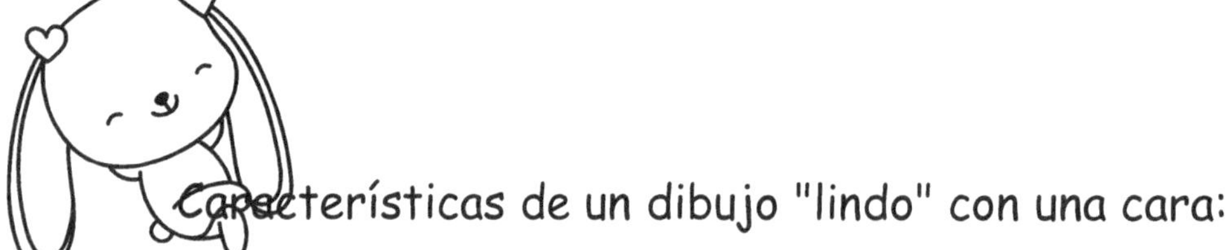

Características de un dibujo "lindo" con una cara:

1.   Cabezas grandes y redondas
2.   Ojos muy separados
3.   Ojos, nariz y boca muy juntos
4.   Orejas de gran tamaño (si es que hay)
5.   Un cuerpo más pequeño que la cabeza

Características de un objeto "bonito":

1.   Que todo sea redondo, sin bordes puntiagudos
2.   Colores pastel y arco iris claro, no es necesario sombrear
3.   Contornos negros
4.   Partes simplificadas

AHORA DIBUJEMOS ALGUNAS COSAS LINDAS

UN LINDO ALIEN

PEZ LINTERNA

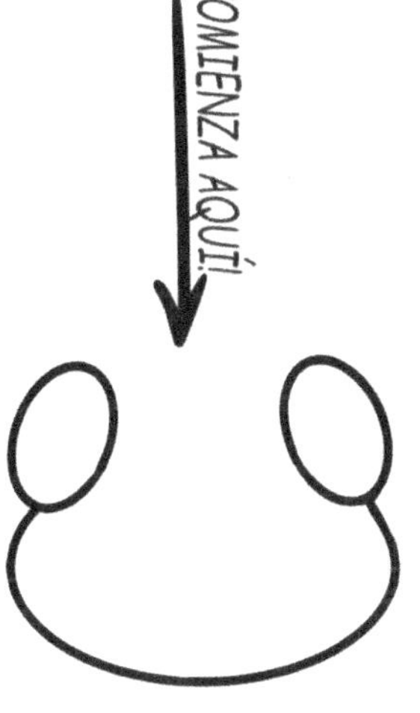

Fíjate en las líneas
en zigzag en la parte
superior de la cabeza.

Dibuja dientes
triangulares o curvos de
diferentes tamaños.

Haz algunas líneas curvas
alrededor de la luz en la parte de
arriba para que parezca que brilla.
Colorea o sombrea a tu gusto

 # MANZANA 

COMIENZA AQUÍ!

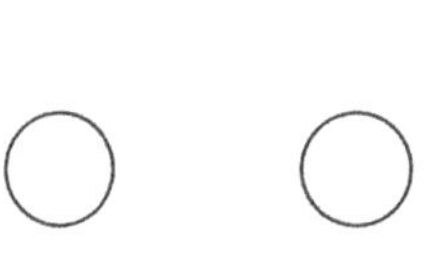

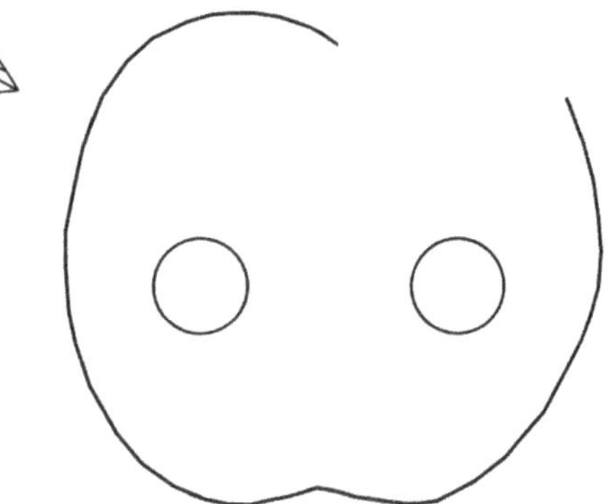

La boca abierta
y los ojos
muy abiertos
muestran
emoción.

AGUACATE

COMIENZA AQUÍ!
¡Los ojos dibujados con curvas sencillas parecen llenos de alegría y risa!

AXOLOTL

COMIENZA AQUÍ!

Con los brazos
y las piernas en
posiciones al
azar, ¡parece que
este pequeñín
está flotando!

Dibuja una línea
festoneada
alrededor de la
cola y puntos
alrededor de las
branquias para
añadir detalle

BEBÉ

COMIENZA AQUÍ!
Aquí la cabeza es mucho más grande en proporción al cuerpo. La cabeza más grande de lo normal hace que la figura de dibujos animados parezca más linda e infantil

BEBÉ PINGÜINO

PLÁTANO

OSO PALETA

Dibuja una
espiral sencilla
en la paleta
para el remolino
de caramelo
COMIENZA AQUÍ

PAJARITO

COMIENZA AQUÍ!
Un pico diminuto y ojos grandes ayudan a esta ave a lucir super linda y como un bebé.

BOBA

COMIENZA AQUÍ
El ojo guiñando es simplemente una figura triangular acostada.
Cuando guiñas un ojo a alguien, miras a esa persona y cierras un ojo muy brevemente, normalmente en señal de que algo es una broma o un secreto.

CONEJITO

COMIENZA AQUÍ!
Las líneas curvas de
los ojos y las cejas
pequeñas ayudan a
mostrar que este
conejito se está
riendo.

CARAMELO DE MAÍZ

CAPIBARA

Las patas cortas y el cuerpo redondo lo hacen aún más adorable.

CRIATURA

CASTiLLO

Empieza con un cuadrado y constrúyelo a partir de ahí.
COMIENZA AQUÍ!

HAMBURGATO

COMIENZA AQUÍ!
Los ojos pequeños y separados, y la boca pequeña lo hacen lucir lindo e inocente.

CEREAL

Deja un pequeña abertura
en el óvalo para darle
espacio a la cuchara.

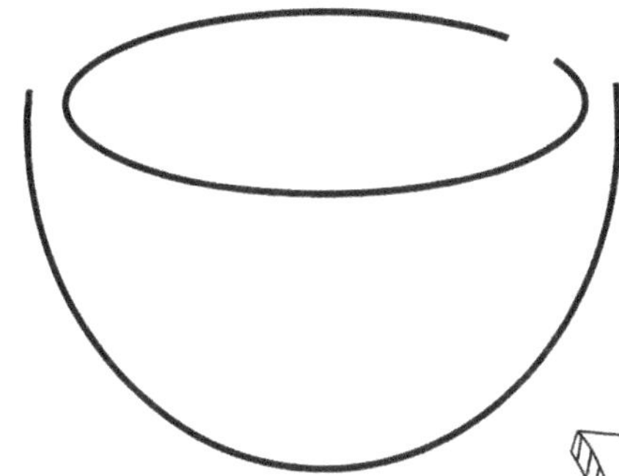

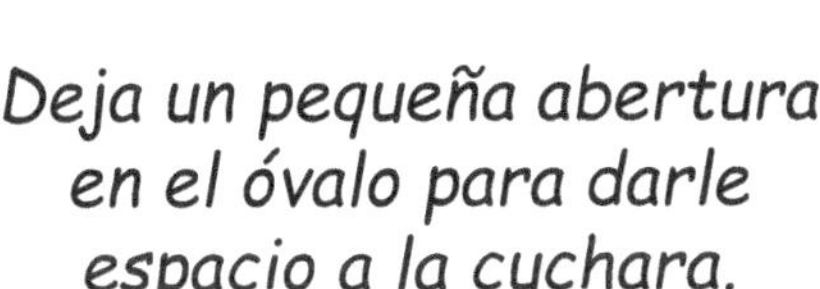

Dibuja círculos dentro de los
círculos en el plato de cereal.
¡O dibuja tus propias figuras!

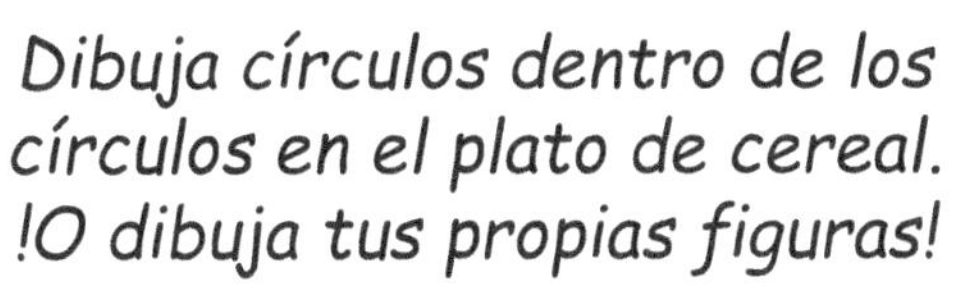

Usa una línea festoneada
para hacer los holanes bajo la
cabeza de la gallina

COMPUTADORA

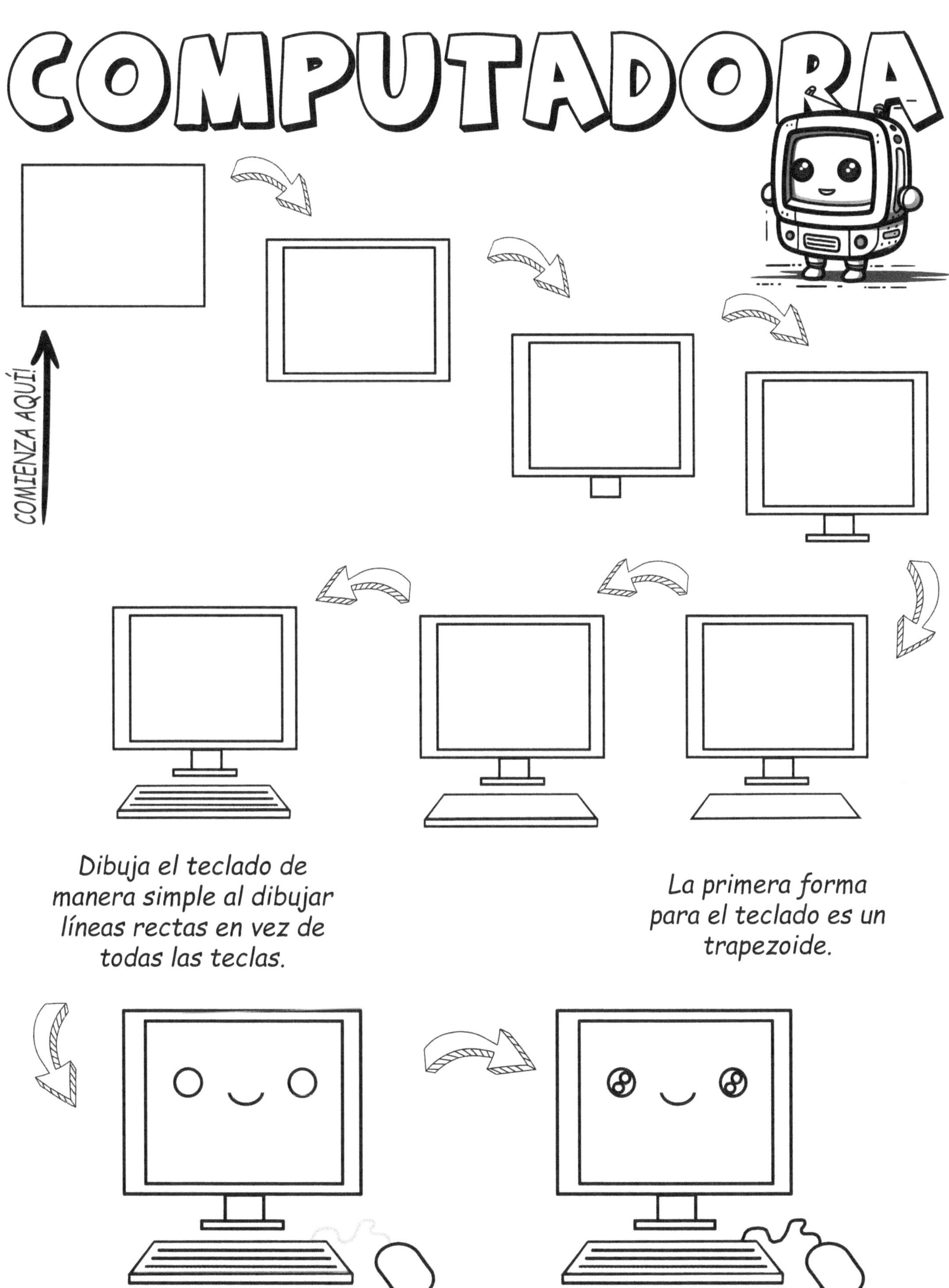

Dibuja el teclado de manera simple al dibujar líneas rectas en vez de todas las teclas.

La primera forma para el teclado es un trapezoide.

GALLETA

COMIENZA AQUÍ!

Varía la forma de tu línea festoneada dibujando algunas curvas pequeñas y otras grandes. ¡Parecerá una mordida real!

Intenta hacer una línea festoneada irregular en un extremo del cículo para mostrar que le han dado una mordida a la galleta.

Dibuja figuras en la galleta para agregar textura.

CORGi

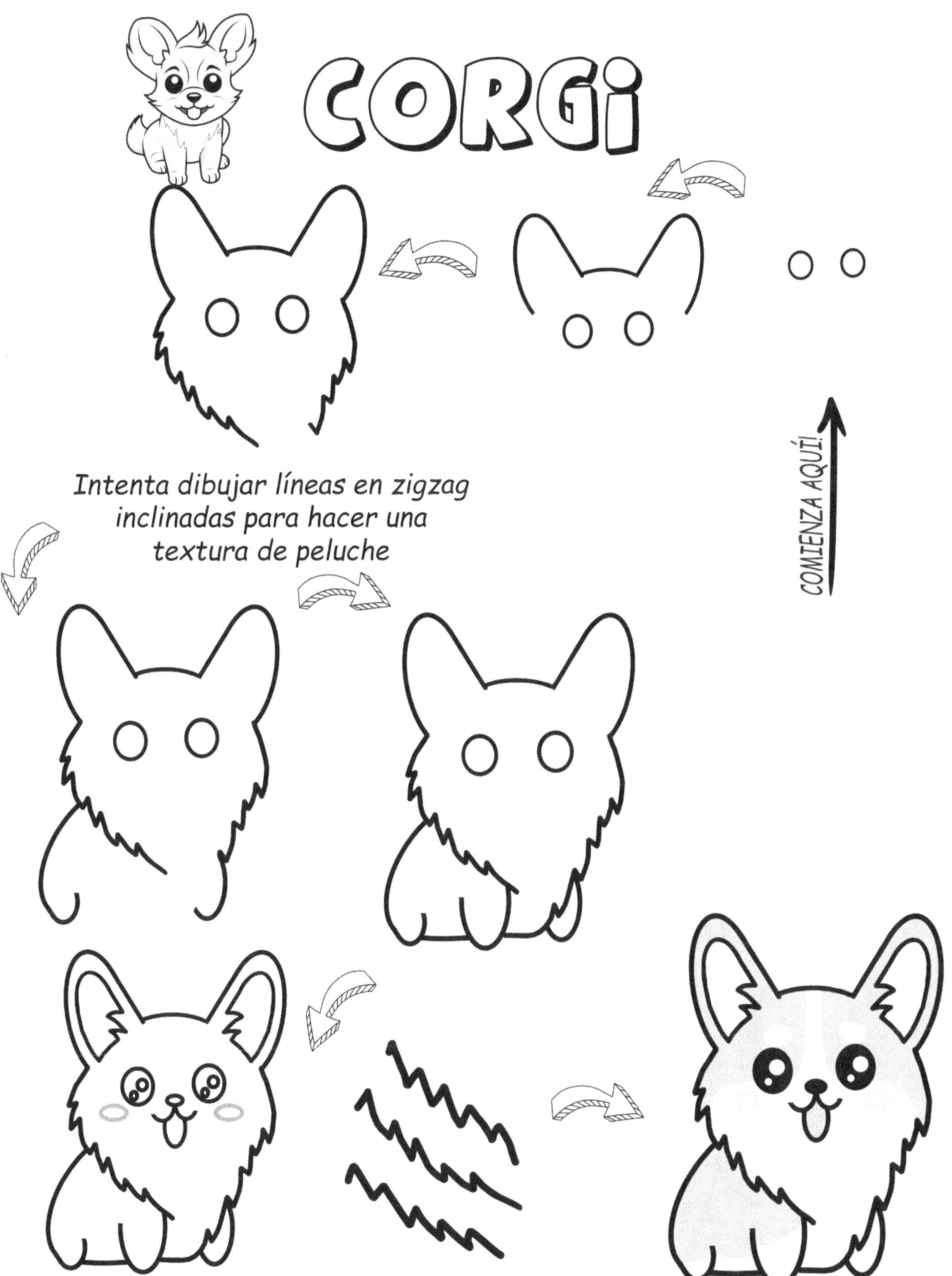

Intenta dibujar líneas en zigzag inclinadas para hacer una textura de peluche

¡No olvides dibujar pequeñas líneas en zigzag dentro de las orejas!

ALGODÓN DE AZÚCAR

Un simple círculo es un buen comienzo para la cabeza de esta linda vaca.

PANQUÉ

Empieza con una línea festoneada

Imagina los lados del glaseado como si fueran una nube. Practica dibujando líneas curvas unidas.

Las líneas en la base de la envoltura son amplias arriba, y estrechas abajo.

DINO

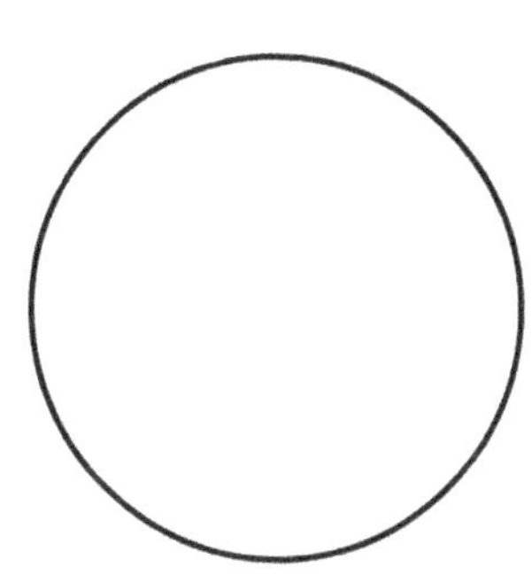

La posición del pie muestra
que el dinosaurio está
sentado.

 # DONA 

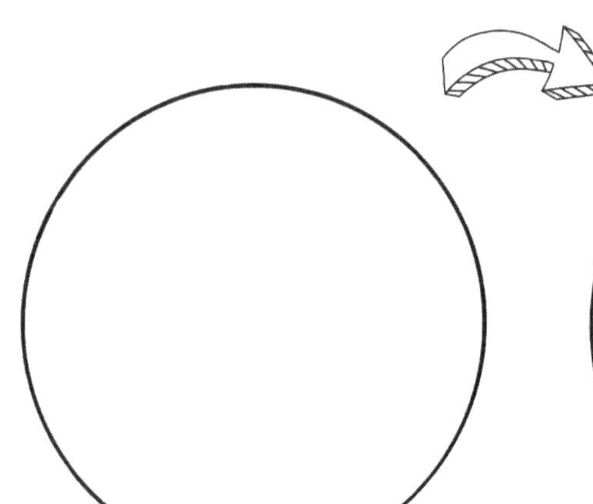

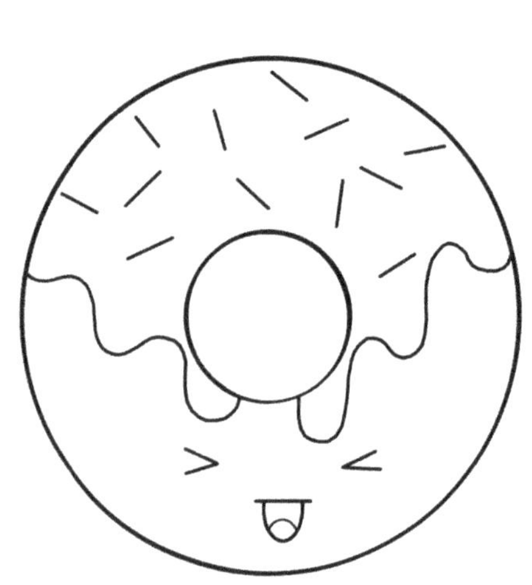

Puede ser difícil hacer círculos a mano libre. Busca una taza u otro objeto redondo, remarca el contorno y será más fácil.

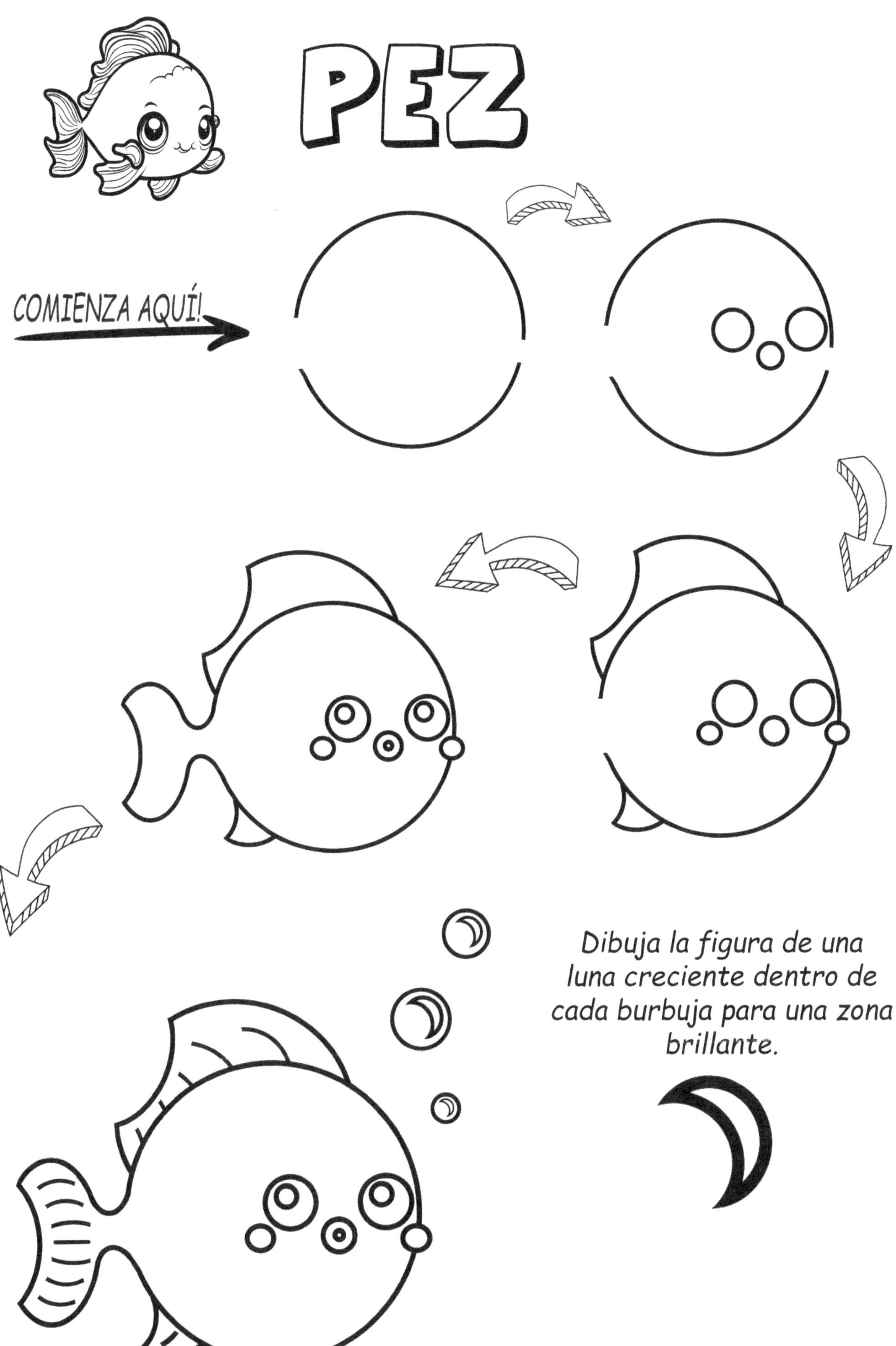

PEZ
COMIENZA AQUÍ!
Dibuja la figura de una luna creciente dentro de cada burbuja para una zona brillante.

CONEJITO

COMIENZA AQUÍ!

Empieza con una óvalo grande para la cabeza. Deja un espacio en cada lado para las orejas.

Agrega una sola línea a lado de cada ojo para una simple pestaña.

OVEJITA

Empieza dibujando una línea festoneada alrededor de un círculo imaginario. Ese es el cuerpo en forma de nube perfecto para tu linda oveja.
COMIENZA AQUÍ!

COMIENZA AQUÍ
ZORR
La línea curva del ojo
y la pequeña sonrisa
hacen que parezca
que este zorro
está descansando
relajadamente.

HUEVO FRITO

Agrega una forma de luna creciente en la yema para mostrar un efecto "3D".

RANA

COMIENZA AQUÍ!

Al agregar "extras" a tu dibujo como esta hoja y pasto, le das un escenario a tu personaje, ¡y haces que tu arte se vea aún más lindo!

FANTASMA

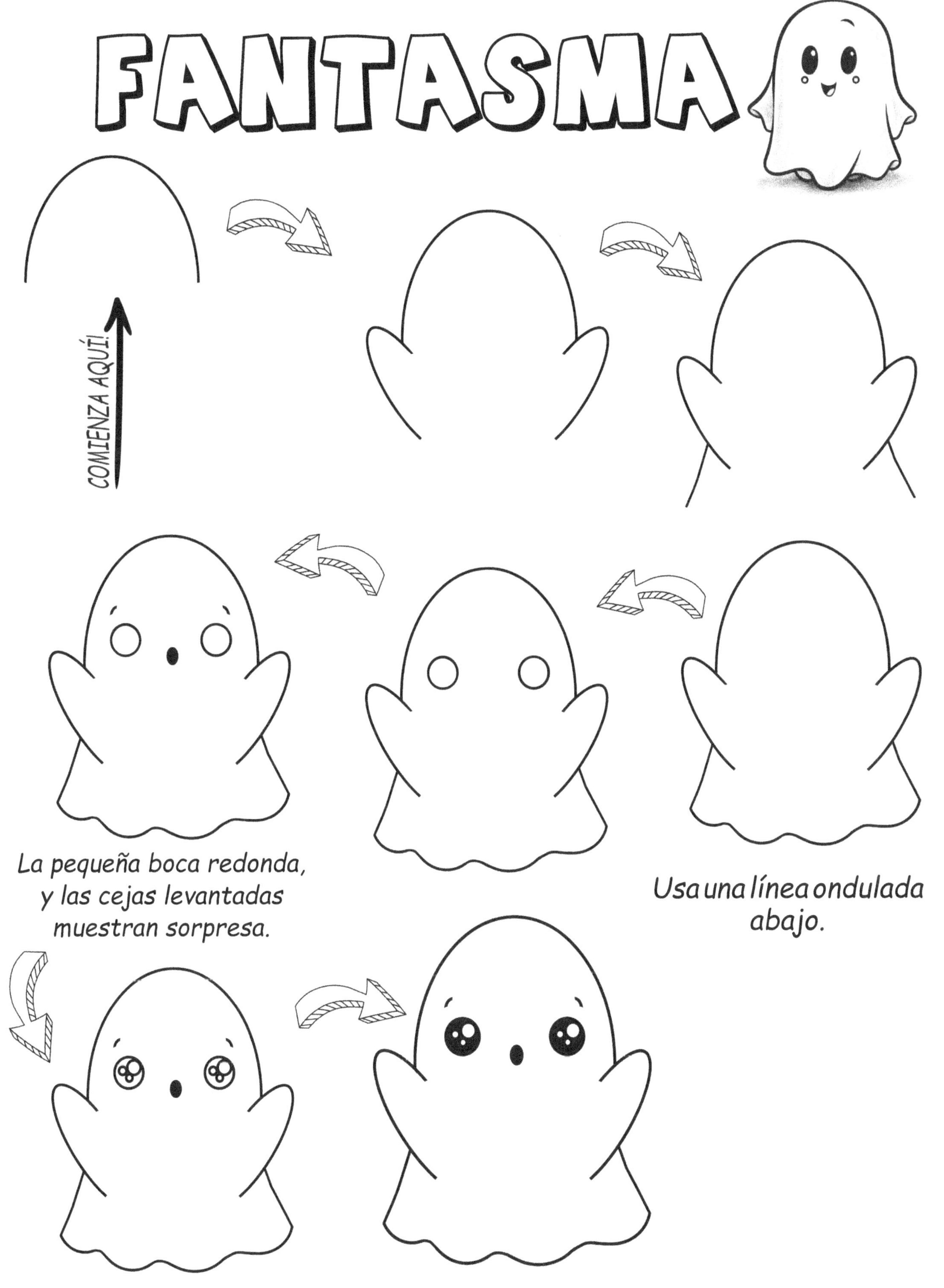

La pequeña boca redonda,
y las cejas levantadas
muestran sorpresa.

Usa una línea ondulada
abajo.

HOMBRE DE JENGIBRE

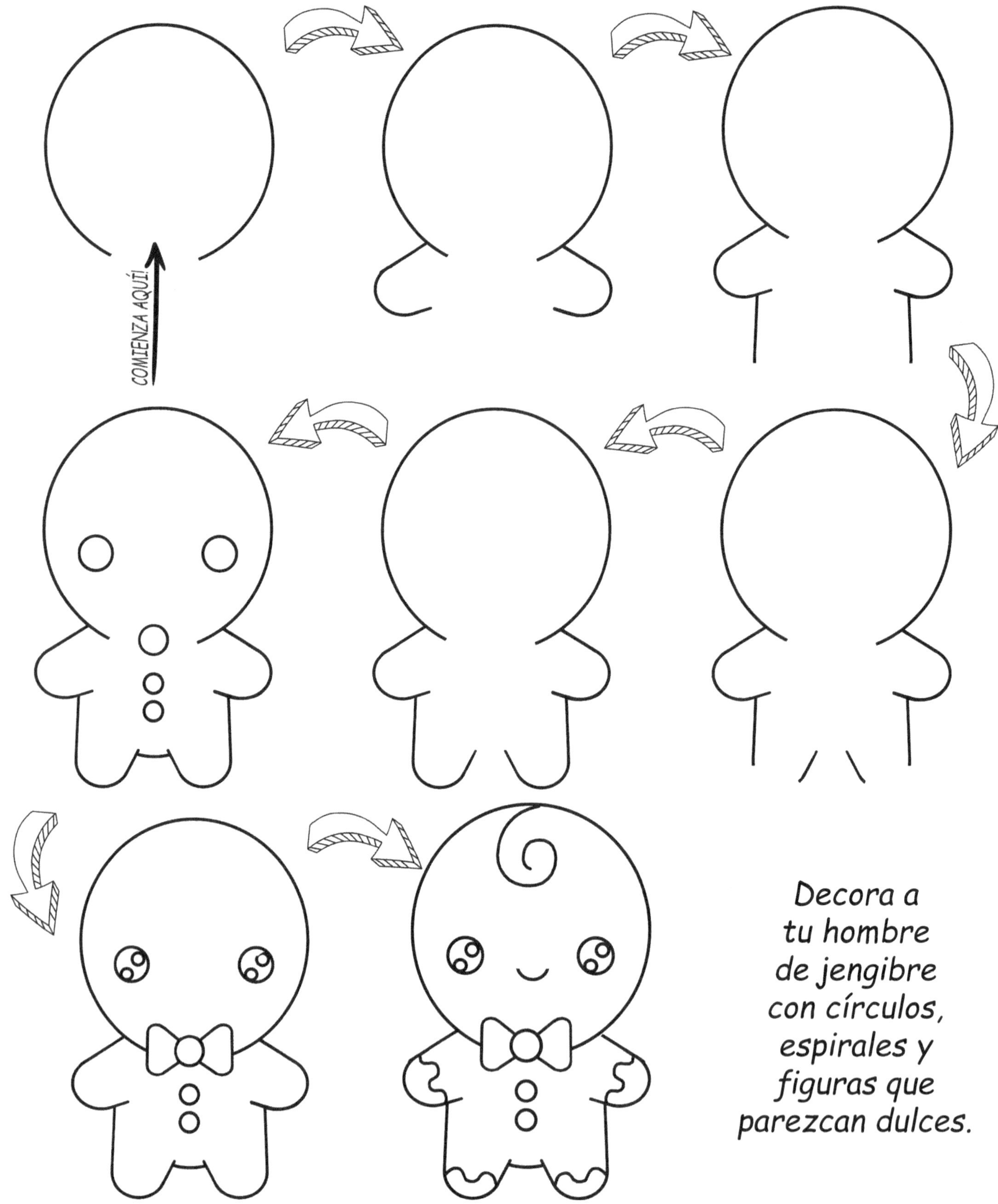

Decora a tu hombre de jengibre con círculos, espirales y figuras que parezcan dulces.

HÁMSTER

COMIENZA AQUÍ!
Unos ojos grandes y brillantes hacen que esta criatura se vea inocente.

TIGRE FELIZ

Empieza con una cabeza
ovalada.

COMIENZA AQUÍ

No olvides las pequeñas líneas
para las patitas.

Simples triángulos
hacen un buen
patrón de rayas.

CARAMELOS

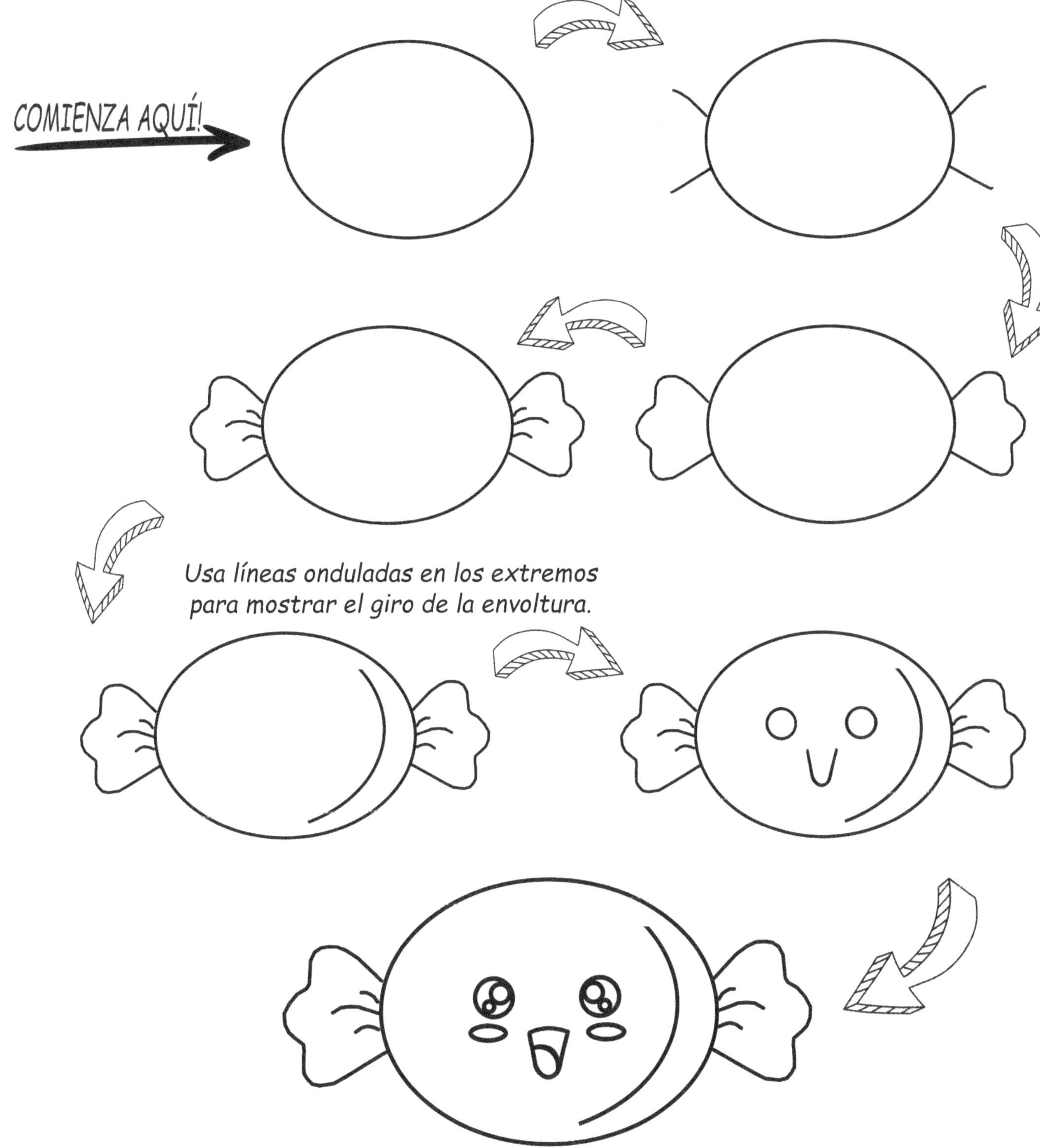

COMIENZA AQUÍ!
Usa líneas onduladas en los extremos
para mostrar el giro de la envoltura.

HELADO

Las líneas cruzadas hacen
que el cono se vea más
detallado.

¡MÁS HELADO!

Encima varios óvalos con una curva arriba para hacer el efecto del dispensador.

MEDUSA

Empieza con un medio círculo

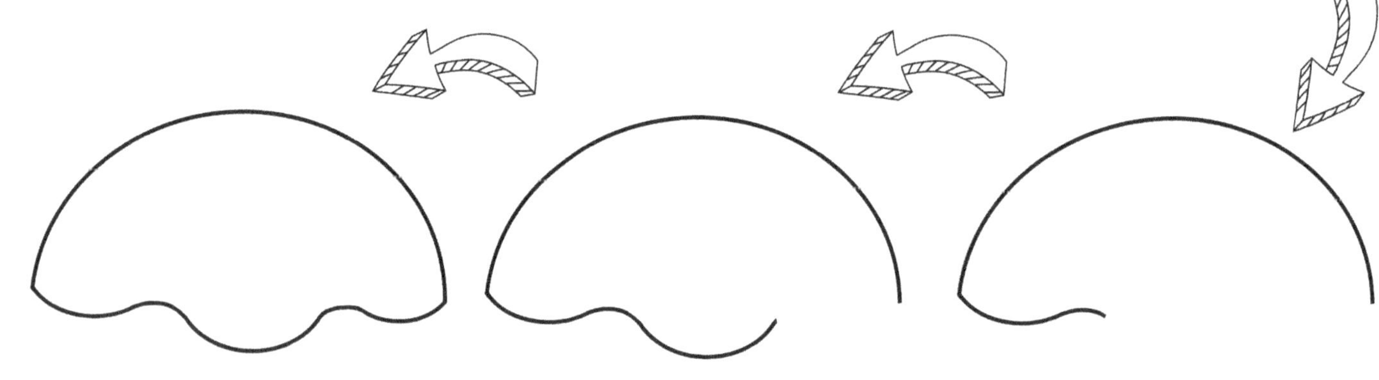

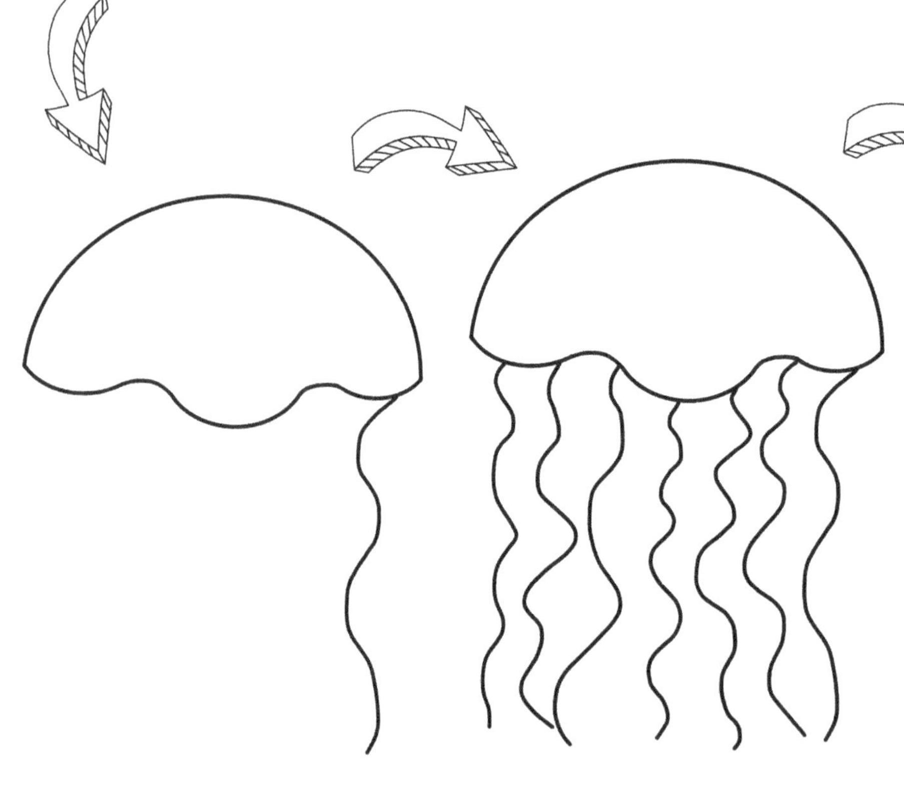

Dibuja líneas largas y serpenteantes bajo la medusa para los tentáculos.

Una sencilla línea curva hace que la medusa se mire feliz.

GATITO
COMIENZA AQUÍ
La cabeza larga, cuerpo rellenito, y ojos ¡hacen que este gatito se mire súper lindo!
No olvides agregar las pequeñas líneas de las patas y los bigotes cortos.

GATITO ACOSTADO

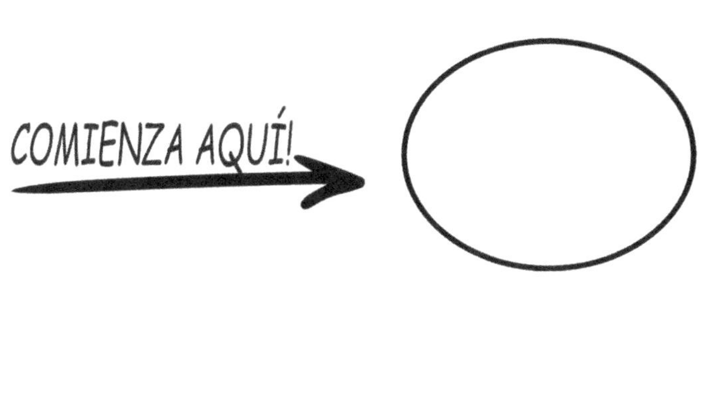

Dibuja una línea en zigzag con muchas vueltas cortas y afiladas que vayan hacia arriba y abajo. ¡La letra "Z" es un zigzag!

Las líneas en zigzag dibujadas alrededor del círculo de la cabeza hacen una melena muy linda.

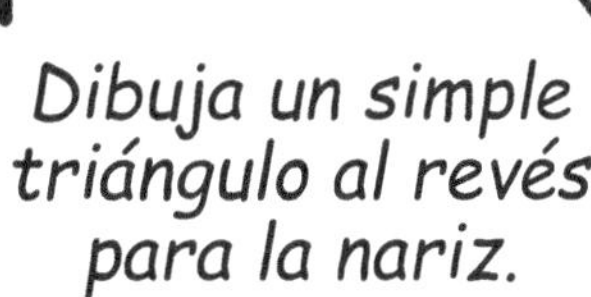

Dibuja un simple triángulo al revés para la nariz.

LLAMA

COMIENZA AQUÍ!

¡No olvides dibujar líneas largas para el cuello!

Las mejillas curveadas y los ojos cerrados en medio círculo hacen una cara risueña.

LECHE
COMIENZA AQUÍ
Esta leche
de cartón
está
formada por
un simple
cubo en 3D.
MILK

COMIENZA AQUÍ
MONO
¡Una pequeña curva para la mejilla!
Haz que tu mono esté sosteniendo algo para hacerlo más interesante y lindo.

RATÓN

COMIENZA AQUÍ!
Las manos
tocándose,
los ojos
cerrados
y una
boca feliz
muestran
alegría.

CASA HONGO

Haz que tu casa parezca de 3D al mostrar un poco de la parte de inferior del hongo. Las formas 3D se miden por largo, ancho y profundidad. No lucen planas, como las formas de 2D.

NOTA MUSICAL

PANDA

Empieza con una línea plana abajo y desde ahí dibuja hacia arriba para hacer a este lindo panda.

COMIENZA AQUÍ!

LÁPIZ

COMIENZA AQUÍ
Un rectángulo largo y delgado es la mejor forma de comenzar el dibujo de este lápiz.

CERDITO

COMIENZA AQUÍ! →

Empieza con un círculo irregular de un lado para la cabeza y la naríz.

Practica dibujando líneas curvas para la cola y el pelo.

COMIENZA AQUÍ!

Las curvas debajo de los ojos hacen que las mejillas luzcan redondas y rellenas.

¡Dibuja la lengua de fuera para mostrar está muy sabrosa!

¡NO OLVIDES LOS INGREDIENTES!

PONY

COMIENZA AQUÍ!
Usar líneas curvas en vez de extremos rectos y puntiagudos, hará que tu pony se mire gordito y delicado.

PALOMITAS
DE MAÍZ

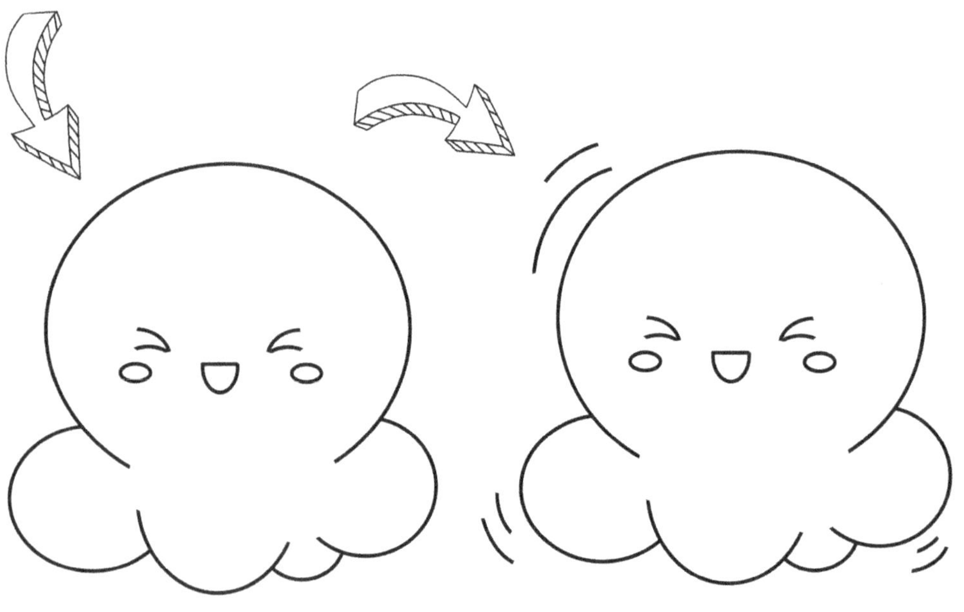

CAJA DE PALOMITAS

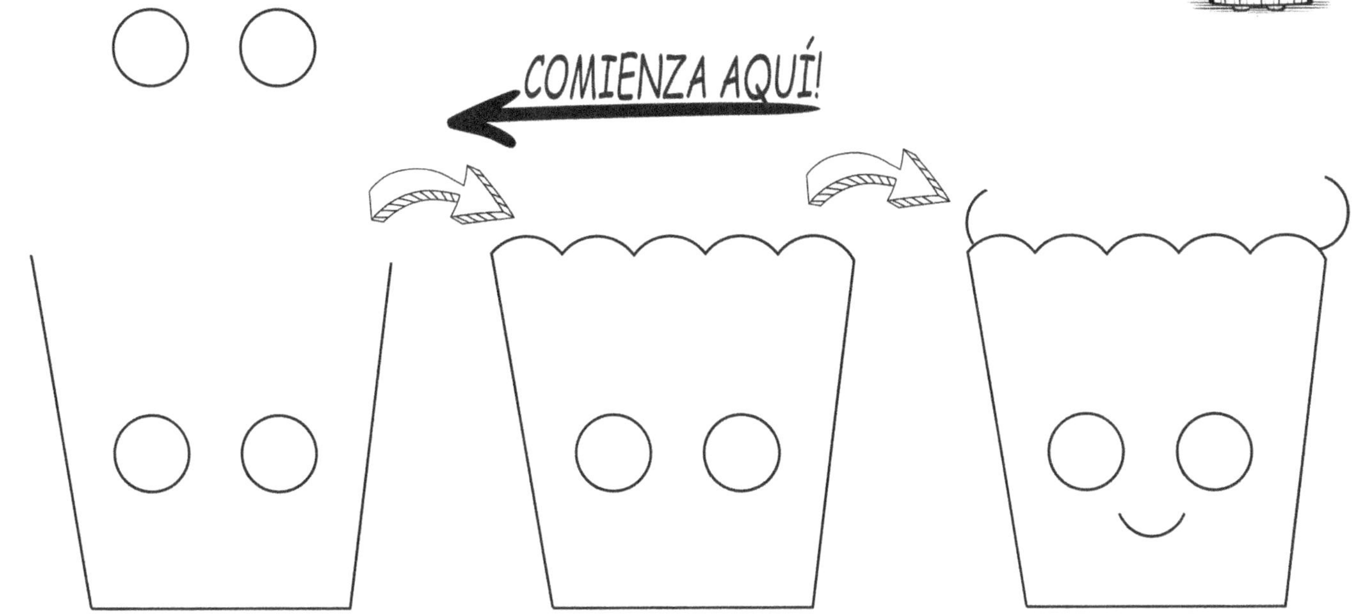

Haz la forma de las palomitas dibujando pequeñas círculos a la mitad.

PALETA DE HIELO
La paleta es básicamente un rectángulo, pero con bordes redondes y una curva arriba.
COMIENZA AQUÍ

CALABAZA

COMIENZA AQUÍ!

Dibuja los ojos muy cerca de la boca. Mientras más cerca estén, más adorable será tu personaje.

CACHORRO

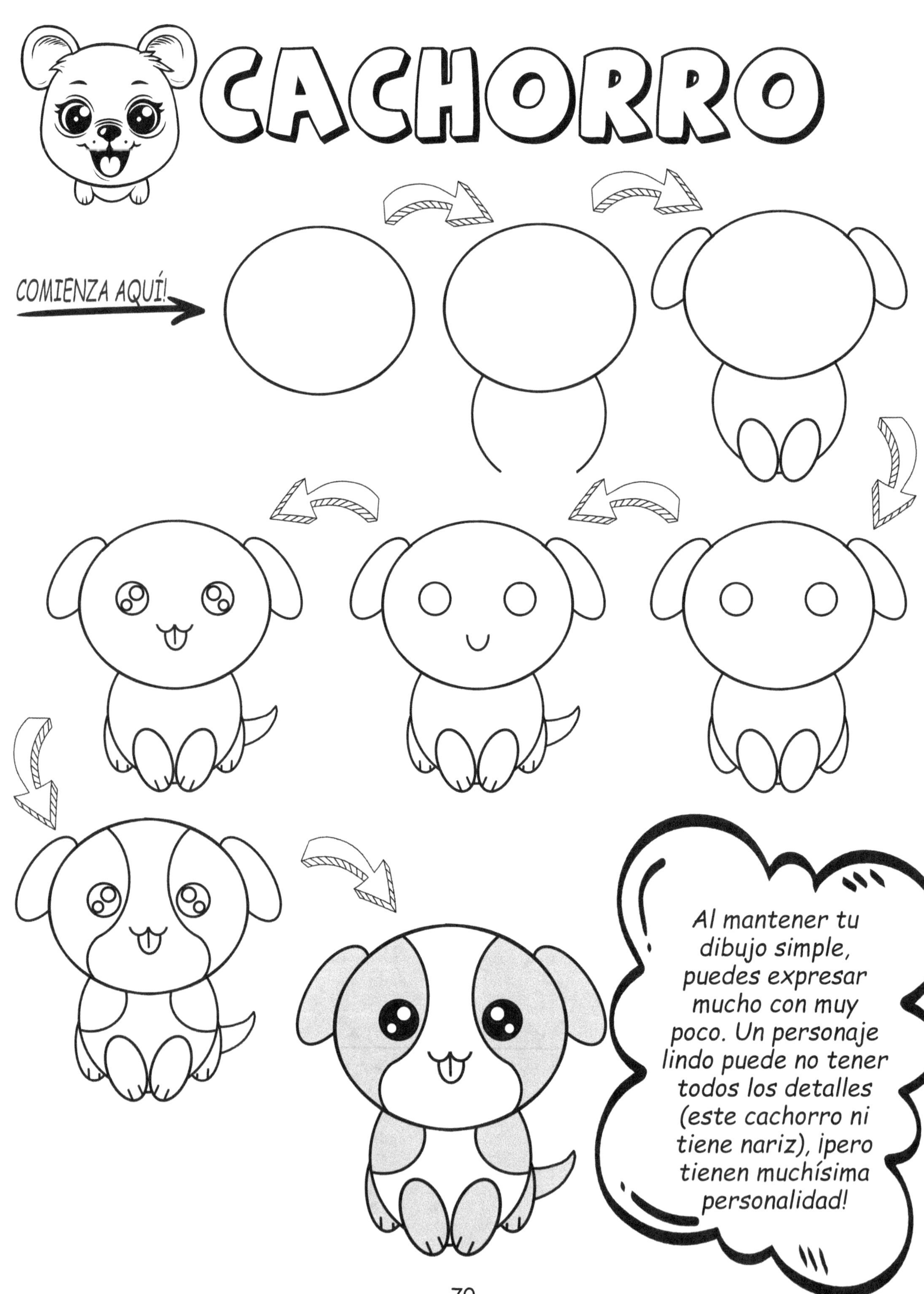

COMIENZA AQUÍ!
Al mantener tu dibujo simple, puedes expresar mucho con muy poco. Un personaje lindo puede no tener todos los detalles (este cachorro ni tiene nariz), ¡pero tienen muchísima personalidad!

COMIENZA AQUÍ
TOMATE TRISTE
Estas simples líneas (combinadas con tus lindos colores) le darán una expresión adorable a este tomate. . .

Aunque esté triste.

# CACHORRO SENCILLO

COMIENZA AQUÍ!

Cuando termines de dibujar, colorea o sombrea un patrón divertido en tu cachorrito.

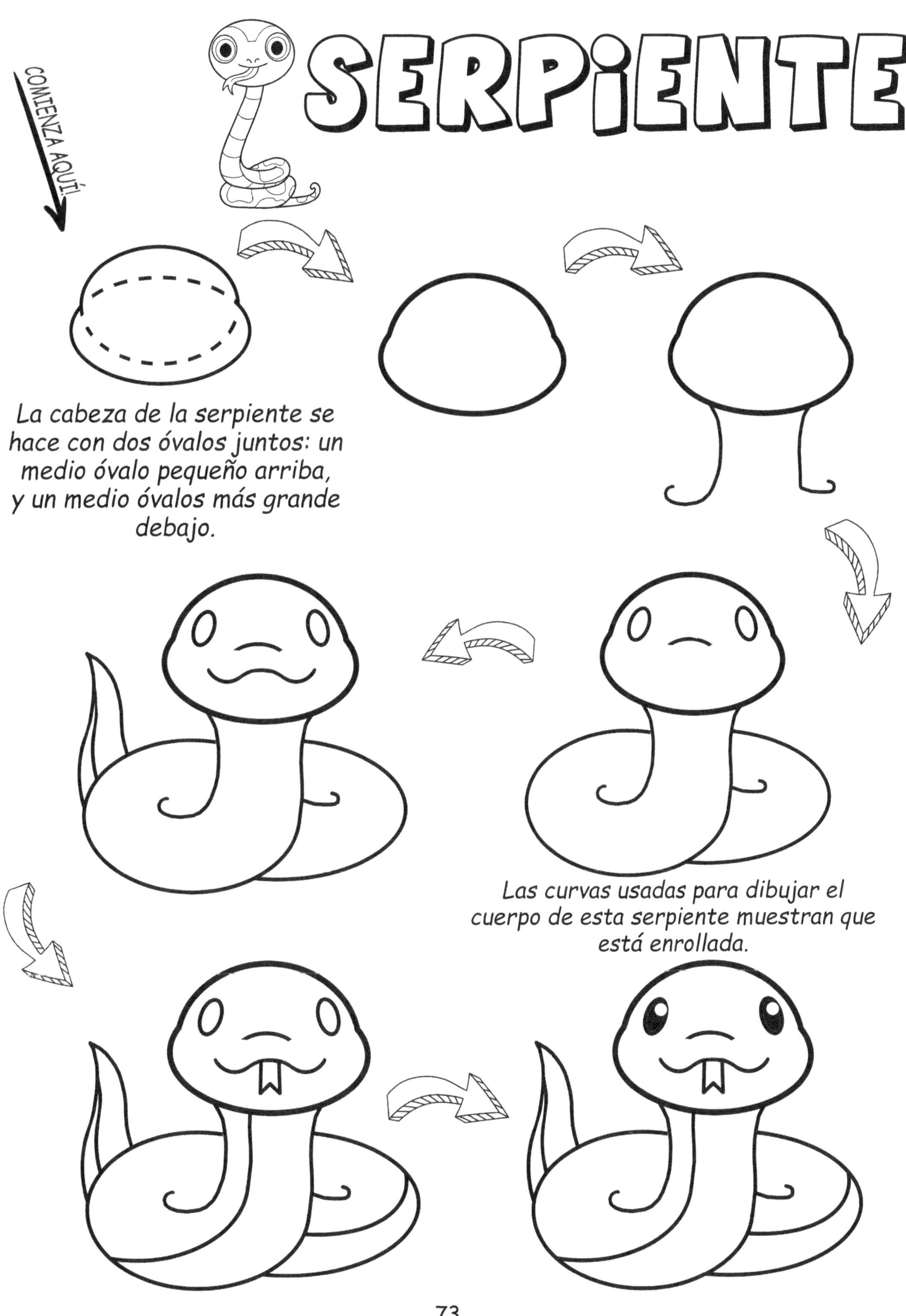

SERPiENTE

La cabeza de la serpiente se hace con dos óvalos juntos: un medio óvalo pequeño arriba, y un medio óvalos más grande debajo.

Las curvas usadas para dibujar el cuerpo de esta serpiente muestran que está enrollada.

TAZA DÉ TE

Empieza con un simple óvalo para la taza.

Agrega otro óvalo dentro del primero para el té.

Pequeños extras como la bolsa de té hacen más interesante tu obra de arte. Líneas curveadas en la superficie del té muestran movimiento.

TETERA

Esta línea en espiral saliendo de la boquilla parece se mira como vapor. Practica dibujando líneas curvas en espiral para agregarle a tu dibujo.

TORTUGA MARINA

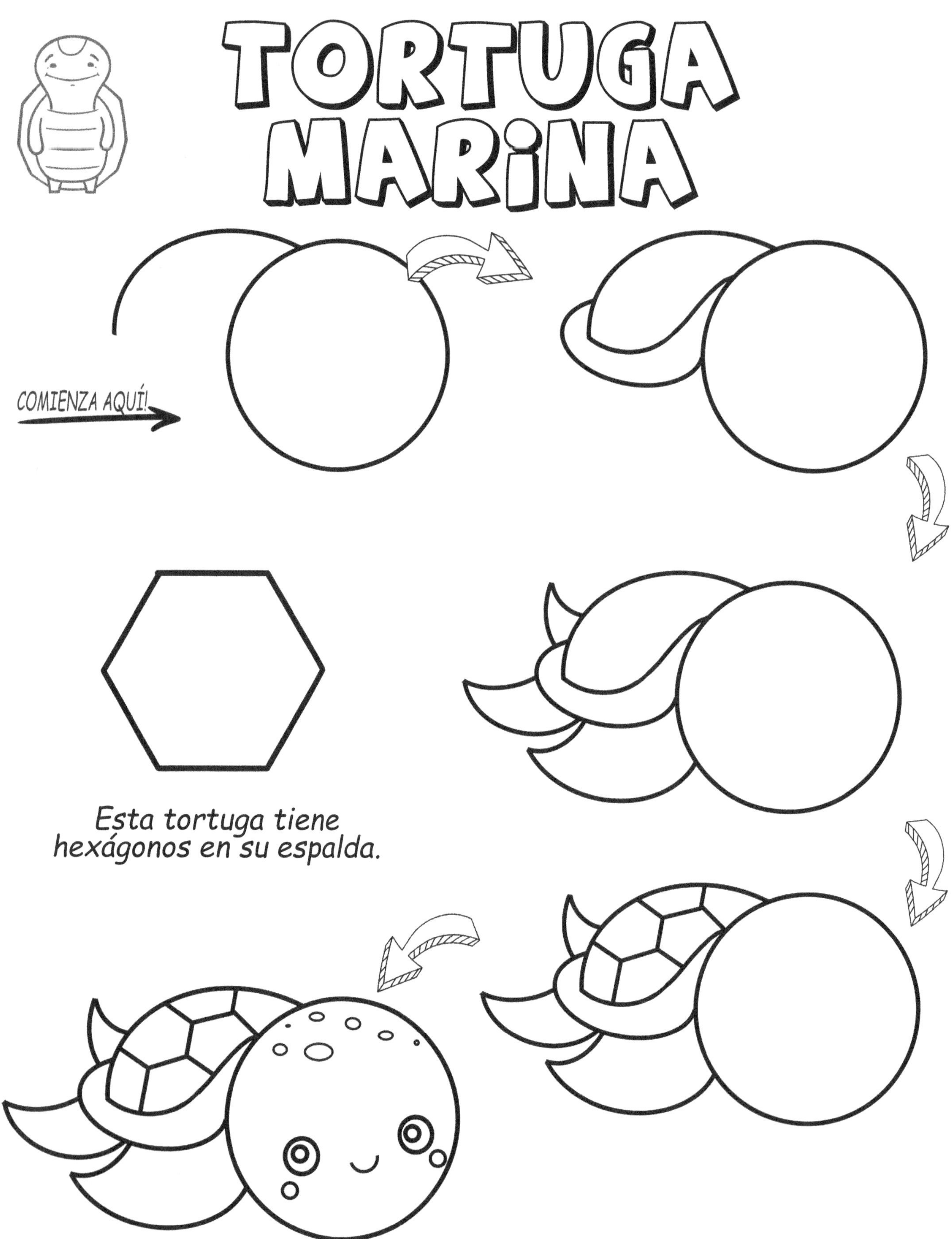

Las formas geométricas están hechas de puntos y líneas precisas. Pueden ser cuadrados, rectángulos, triángulos y hexágonos.

SANDÍA

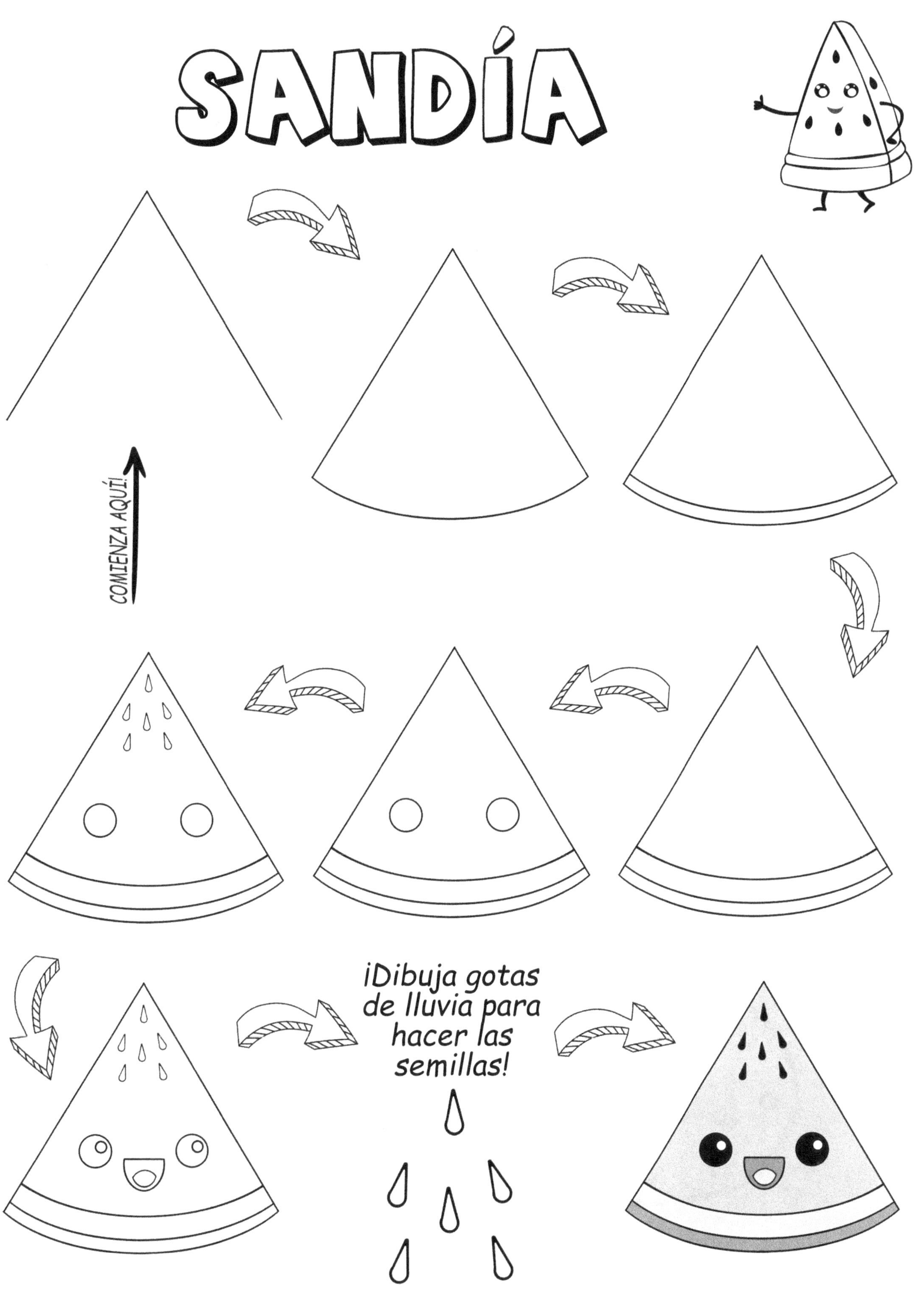

COMIENZA AQUÍ!
¡Dibuja gotas de lluvia para hacer las semillas!

BALLENA

El cuerpo empieza con una curva abierta y circular.

Agrega una pequeña aleta.

¡Dibuja encima gotas de lluvia al revés!

¡HAZ TU PROPIO DIBUJO!

¿Ahora puedes dibujar tu propio y único personaje? Puedes dibujar cualquier objeto utilizando el estilo lindo que se describe en este libro. Aquí tienes algunas ideas para crear a tu criatura.

Empieza con un lápiz:

Utilizar lápiz primero te ayuda a hacer trazos rápidos y esbozos que son fáciles de borrar si no te gusta lo que has hecho.

Asegúrate de que sea sencillo:

Los dibujos deben ser pequeños y sencillos. Incluso pueden parecer un poco aplastados. Omite los pequeños detalles, como los dedos de las manos y de los pies.

Lo bonito es pequeño:

Puedes coger cualquier objeto y convertirlo en algo bonito. Dibuja tu objeto en pequeño, hazlo gordito y redondea los bordes. No hay muchos bordes puntiagudos en un dibujo bonito.

Añade una cara:

Las caras sonrientes y felices en los objetos pueden hacer que parezcan lindos. Incluso una cara triste o enfadada puede utilizarse en un personaje adorable. Mantén los ojos grandes, la boca pequeña y ni siquiera necesitarás añadir una nariz. ¡La cara hará que tu dibujo cobre vida!

Contornear:

Utiliza un bolígrafo fino o un rotulador para dibujar sobre las líneas de lápiz de modo que parezcan más oscuras y destaquen realmente. Los rotuladores resistentes al agua son los mejores, ya que no se manchan si quieres añadir color.

Color:

Los colores pastel, colores brillantes y los colores suaves funcionan mejor, pero tú tienes la decisión de qué colores usar. Añade un tono rosado claro bajo los ojos, ¡y tu dibujo quedará aún más lindo!

Extras

No olvides añadir muchos "extras" para dar a tu obra un toque personal. Puedes incluir bigotes, manchas, rayas, pelo, accesorios y patrones.

No tengas miedo de experimentar y divertirte.

RASGOS FACIALES

Ojos

Pequeños

Grandes

Guiñando

Entrecerrados

Alegres

Dormilones

Enojados

Aburridos

Brillantes

Ojos "x"

Hermosos

Tristes

Ovalados

Animados

Llorosos

Enamorados

Bocas

Felíz

Atolondrado

Triste

Sorprendida

Sonrisa
enorme

Enojada

animal

Frustrada

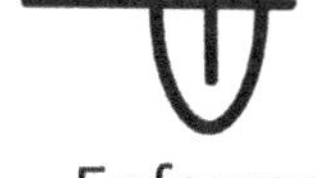
Enferma

Delicia

Abierta

OTRAS iDEAS PARA CARAS

Mejillas

Redondas   Óvaladas   Lineas de rubor   Lineas de rubor en círculo

Narices y bocas

Pequeña   Medio Óvalo   Hocico   Triángulo redondo   Óvalo pequeño

Juguetón   Triángulo   combo   Círculo   Curva simple

Orejas

Medio óvalo   Doble círculo   Triángulo redondo

Óvalos grandes   Triángulo redondo   Puntiagudas largas

Caídas largas   Caídas cortas   Óvalos hacia arriba

Practica dibujando caras

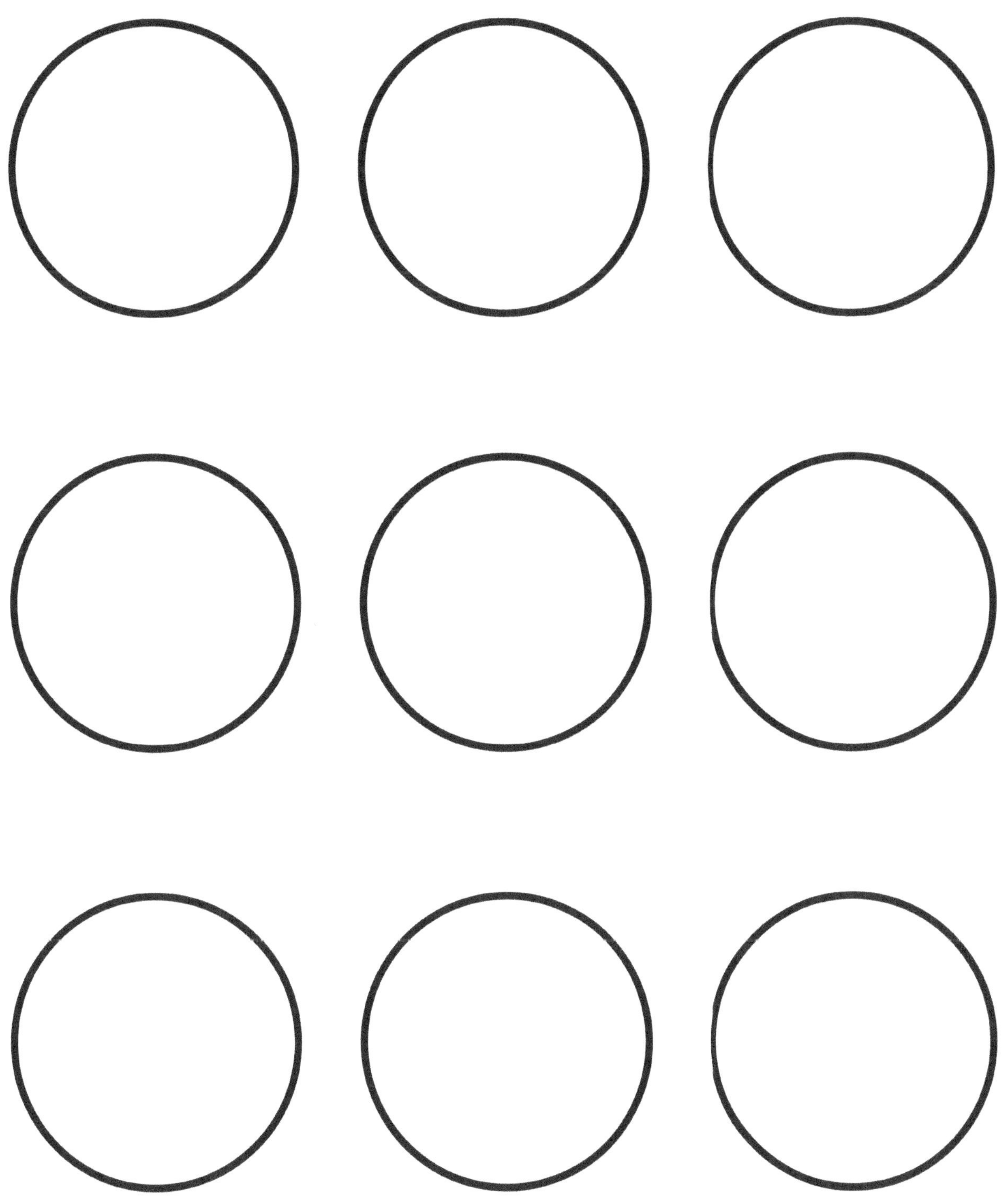

ARTE KAWAII

Estos simpáticos, diminutos y adorables dibujos están inspirados en el arte kawaii japonés. Hay toda una "linda cultura" de kawaii en Japón que va más allá del dibujo e incluye moda, cafés coloridos, personajes de anime, hermosos estilos de manuscrito, mascotas, maquillaje y una variedad de productos comerciales.

El estilo artístico kawaii se dibuja con sencillos contornos negros, bordes redondeados y pocos detalles. La temática kawaii incluye humanos y animales que son carismáticos, tímidos e infantiles. Estos dibujos a menudo se hacen con cabezas grandes, ojos grandes muy separados y cuerpos pequeños para que parezcan bebés. Algunas veces, se le ponen caras a objetos comunes para darles vida como gadgets, dulces e incluso muebles. Se colorean con colores brillantes o colores pastel y siempre lucen adorables.

COMIDA KAWAII

GATOS KAWAII

CRIATURAS KAWAII

MÁS CRIATURAS

CARAS KAWAII

¡¡INSPIRACIONES!
Dibuja tus propias cosas lindas

Cómo Dibujar Cosas Geniales

Otros libros de la serie

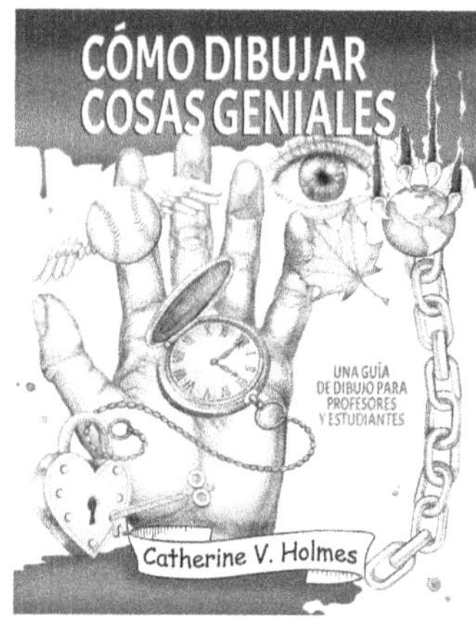

Cómo dibujar cosas geniales: Una Guía de Dibujo para Maestros y Estudiantes

Este libro muestra sencillas ilustraciones paso a paso que hacen que dibujar cosas geniales con precisión y confianza sea fácil para cualquiera. Estas lecciones le ayudarán a ver la líneas, la forma, el espacio y otros elementos en objetos cotidianos y a convertirlos en detalladas obras de arte en unos sencillos pasos. Los ejercicios de este libro le ayudarán a entrenar su cerebro para que pueda visualizar objetos ordinarios de una manera diferente, permitiéndole ver a través de los ojos de un artista. Desde rostros fotorrealistas hasta temas festivos y dibujos de tatuajes, ¡Cómo Dibujar Cosas Geniales hace que dibujar sea más fácil de lo que piensas y más divertido de lo que nunca imaginaste!

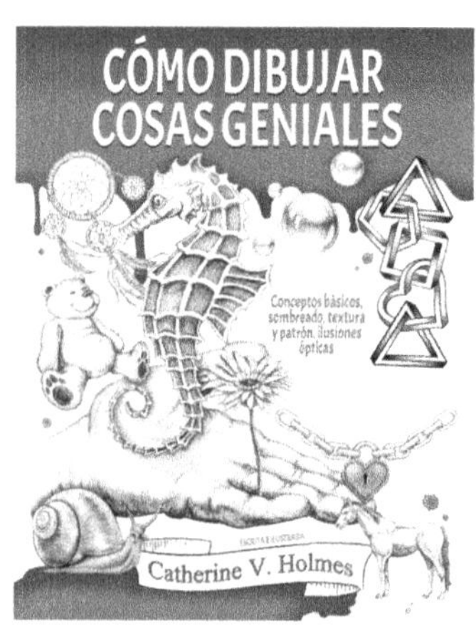

Cómo Dibujar Cosas Geniales: Conceptos Básicos, Sombreado, Textura, Patrón e Ilusiones +Ópticas es el segundo libro de la serie *Cómo Dibujar Cosas Geniales*. En su interior encontrarás sencillas ilustraciones que cubren lo necesario para dibujar cosas geniales. Se proporcionan ejercicios específicos que ofrecen lineamientos paso a paso para dibujar una gran variedad de temas. Cada lección comienza con una figura fácil de dibujar que se convertirá en la estructura básica del dibujo. A partir de ahí, cada paso añade elementos a esa estructura, lo que permite al artista construir sobre su creación y hacer una imagen más detallada. Partiendo de las formas básicas, se proporciona al artista una guía para ayudarle a ver a los objetos en sus formas simplificadas. Después se explican las instrucciones de sombreado para añadir profundidad, contraste, carácter y movimiento a un dibujo.

www.ingramcontent.com/pod-product-compliance
Lightning Source LLC
Chambersburg PA
CBHW081932120726
47997CB00010B/3118